目からウロコ!
冷凍たまごの
こくまろレシピ

料理研究家 赤坂みちよ

世界文化社

はじめに

「冷凍たまご」は
新しい料理法です

　この本では、たまごを冷凍して解凍、もしくは冷凍した
たままで料理をするという、いままでにないレシピをご紹介
しています。

　これまで一般に、「たまごは冷凍には向かない」、「冷凍する
と味が落ちる」というのが定説でした。向かないという理由は、解
凍したときに、もとの状態に戻らないということのようです。

　実際に冷凍したたまごを解凍してみると、卵白は、ほぼもとの状態に
戻りますが、卵黄は球状に固まったままです。箸などで卵黄を割ってみると、
ヨウカンのようにねっとりしています。そのまま口に含んで味わうと、こっくり、
まろやか、新しい食感、新しいおいしさです。

　もとの生たまごと同じ状態に戻らなくても、おいしく食べることができれば、
たまごの冷凍はむしろおすすめできる。これまで誰も気づかなかったタブーの
扉が開かれました。

　たまごを冷凍する。これをひとつの調理法と考えることで、新しいたまご
料理の可能性が広がったのです。

　保存に便利だというだけではなく、冷凍たまごを、たまごの新しい料理
法としてご紹介したいという思いから、冷凍たまごに合うレシピをご提
案しました。それでなくても、たまごは良質なタンパク質が効率よく
とれるので、毎日の食卓に欠かせない食材です。この本で、
ぜひ、たまご料理のレパートリーを広げて、日々、楽しく
おいしくたまごを食べてくだされば幸いです。

2015年4月　赤坂みちよ

目からウロコ!
冷凍たまごの
こくまろレシピ

目次 | Contents

PART 1
冷凍たまごってこういうものです

- 008 　冷凍たまごのスゴイところ
- 010 　冷凍たまご(解凍後)と生たまごの違い
- 012 　たまごは栄養たっぷりの「完全栄養食品」です
    - コレステロールの1日の摂取量に制限がなくなりました!
    - たまごのスゴい栄養価
    - たまごに含まれるコリンのさまざまな健康効果
    - たまご質問室　Q&A
- 016 　冷凍のしかた
- 018 　冷凍たまごの使い方
    - ①凍ったまま調理へ
    - ②解凍してから調理へ
    - ③加熱してから調理へ
- 022 　冷凍たまごの便利術
    - 卵白の保存のしかた
    - 卵黄の保存のしかた
    - 溶きたまごの保存のしかた
    - 薄焼きたまごの作り方、保存のしかた
    - うずらたまごだって冷凍できます!
- 027 　基本のレシピ
    - たまごかけごはん／ポッシェ／目玉焼き
    - 揚げたまご／かきたま汁／炒りたまご

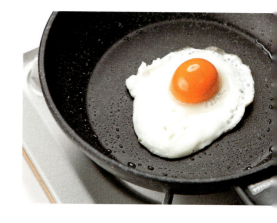

PART 2
冷凍たまごのしっかりおかず

- 034 スコッチエッグ
- 036 エッグ和風バーグ
- 037 袋煮
- 038 エッグベネディクト
- 039 カニたま
- 040 揚げだし風
- 041 肉巻き味噌焼き
- 042 ポークピカタ
- 043 鶏手羽先とたまごの八角煮
- 044 冷凍たまごの朝食メニュー　1週間
  - エッグスラット
  - ハムエッグ
  - エッグシリアル
  - 味噌雑炊
  - パンカップグラタン

PART 3
冷凍たまごの簡単ごはん

- 050 ガパオ風ライス
- 052 おにぎらず
- 053 たまごチャーハン
- 054 親子丼
- 055 スパゲッティ・カルボナーラ
- 056 煮そうめん
- 057 タイ風グリーンカレー
- 058 たまごビーフン
- 059 たまご担担麺
- 060 ジャーサラダでランチ　1週間
  - 目玉焼きとクスクスのサラダ
  - 揚げたまごとツナのサラダ
  - ポッシェと厚揚げのサラダ
  - 炒りたまごと豆のサラダ
  - 薄焼きたまごと
  - オイスターのサラダ

目次 | Contents

PART 4
冷凍たまごのスープ

- 066　エッグミネストローネ
- 068　煮たまごと油揚げの味噌汁
- 069　煮たまご豚汁
- 070　エビのエッグチャウダー
- 071　炒りたまごとアスパラガスのスープ
- 072　チキンと揚げたまごのライムスープ
- 073　トマトのエッグスープ

- 074　パパッと簡単おつまみ　1週間
  　　　卵黄の味噌漬け
  　　　卵黄の海苔包み
  　　　たまごのエンチラーダ風
  　　　マグロの山かけ
  　　　ズッキーニのジョン

PART 5
冷凍たまごのいろいろアレンジ

冷凍うずらたまごで
- 080　うずらたまごと新タマネギの
  　　　レンジ蒸し
- 081　うずらたまごの包み揚げ
- 082　うずらたまごのカナッペ
- 083　うずらたまごシュウマイ
- 084　うずらたまごのポッシェ
  　　　サラダ仕立て

冷凍薄焼きたまごで
- 085　薄焼きたまごと菜の花のゴマ酢あえ

- 086　薄焼きたまごの辛子明太子巻き
- 087　薄焼きたまごとハクサイの
  　　　即席キムチ

冷凍卵白で
- 088　卵白とキノコのマヨカレーあえ
- 089　卵白とじ
- 090　卵白とヤマイモのとろとろ納豆

PART 6
冷凍たまごのスイーツ

092 ナッツメレンゲ

093 チョコレートムース

094 ポピーシードのカップケーキ

095 フィナンシェ

【凡例】
- 解凍時間は目安です。実際の状況に合わせて調節してください。
- 火加減、調理時間は目安です。お使いのコンロや調理器具に合わせて調節してください。
- 1カップは200㎖、大さじ1は15㎖、小さじ1は5㎖です。
- 材料は2人分の分量を基本としていますが、レシピによっては作りやすい分量で表記しています。
- 電子レンジのワット数は、500W、600Wを使い分けています。各レシピをご確認ください。

PART

1

冷凍たまごって
こういうものです

まずは冷凍たまごの特徴、使い
方、調理のしかたなどをご紹介
します。さらに、たまごのアッ
と驚く高い栄養価から健康効果
も見逃せません。

冷凍たまごの
スゴイところ

冷凍たまごの特徴は、なんといっても卵黄がモッチリとしてこくが増し、新しい味わいが生まれること。
冷凍前のたまごと比べても、栄養成分もほぼ変わりません。

point 1
卵黄がモッチリ、味がこく、まろやかになる

卵黄は、冷凍して解凍することで、水分が抜けてタンパク質同士が結びつき、かたくなります。これがモッチリ食感を生みだすもとに。冷凍前と後で成分は変わらないので、卵黄が口の中で溶けきらず舌に長く残る感覚が、うま味が増したように感じられるのです。

point 2
凍ったまま使って新・たまご料理にトライ

冷凍たまごは、解凍するだけでもおいしくいただけますが、凍ったまま料理に使えるのが魅力。カチカチに凍っているので、粉をつけて揚げたり、肉で包んで焼いたり、蒸したり、スープで煮ることもでき、新しいたまご料理の可能性が広がります。

point 3
卵黄は味が染みやすくなる

たとえば生の卵黄のしょうゆ漬けを作るには、1晩かかりますが、冷凍した卵黄を解凍したものなら、20分ほどで味が染み通ります。これは、冷凍・解凍のプロセスで卵黄膜が破れ、隙間ができるから。

point 4
たまごの栄養をキープしながら鮮度を失わず、保存期間がのびる

冷凍した卵黄はモッチリとして生よりかたくなり、卵白は少し水けが多くなりますが、マイナス18度ほどで冷凍しておけば、鮮度も落ちず、栄養成分もほぼ変わりません。保存の目安は1ヵ月、解凍した後はできるだけ早く使うようにしましょう。

冷凍たまご研究室 1

冷凍たまご（解凍後）と生たまごの違い

同じ産地、同じ日に買ったたまごを2つ用意し、ひとつを冷凍・解凍し、そのまま殻を割っただけの生たまごとどう違うのか、比べてみました。

冷凍たまご

ご覧の通り、ぷっくりと盛り上がった卵黄が、冷凍たまごの最大の特徴。ねっとりとしていて、舌の上でとろけるような食感です。解凍すると、卵黄の色は少し薄くなるようです。

こんもりと隆起した形状に変化！

生たまご

普段使っている、生状態のたまごがこちら。新鮮なので卵黄はかなり盛り上がっていますが、それでも冷凍たまごにはかないません。

冷凍たまご

冷凍たまごの卵黄は、竹串などでスッと切ることができますが、かたまったまま。生のように中身が流れ出ることはありません。

生たまご

竹串を刺すと、卵黄を覆っている薄い卵黄膜が破れ、中身が出てきてしまいます。

たまごは栄養たっぷりの「完全栄養食」です

たまごは手頃な値段で日本全国どこでも売っているもっとも身近な食材のひとつです。ここでは、たまごに含まれるさまざまな栄養素、健康効果について紹介します。

コレステロールの1日の摂取量に制限がなくなりました!

「たまごは1日2個」食べてOK

長年、脳卒中などの生活習慣病を引き起こすとして、悪者にされてきたコレステロール。「たまごは1日1個まで」におさえたほうがいいといわれてきました。

コレステロールは脂質の一種で、体内での必要量が一定に保たれる仕組みが備わっています。食事摂取量が少ないと肝臓での生成が増え、逆に多いと肝臓での生成が減り、一定量に保たれます。コレステロールの摂取量は直接、血中総コレステロール値には反映されません。このことから、2015年に厚生労働省で策定される「日本人の食事摂取基準」では、これまで1日750mg未満と定められてきたコレステロール摂取基準量の上限がなくなります。

そもそもコレステロールは人体の細胞膜、脳の神経細胞を守る神経鞘の成分となり、女性ホルモンや副腎皮質ホルモンの材料としても重要な役割を果たす必須の栄養素です。たまごにはコレステロールが含まれていますが、コレステロール値を下げるレシチンも多く含まれているため、1日に2個食べてもコレステロール値が上がらないという研究もあります。

ただし、これは健康な人の場合で、高コレステロール、高脂血症、糖尿病、高血圧症などの診断を受けている人は、摂取について必ず医師に相談をしてください。

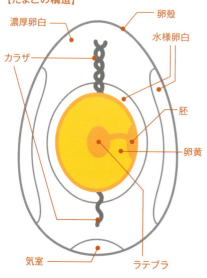

【たまごの構造】
- 濃厚卵白
- 卵殻
- 水様卵白
- カラザ
- 胚
- 卵黄
- 気室
- ラテブラ

たまごのスゴい栄養価

> 「完全栄養食」と いわれる理由

　たまごには、ヒナに孵るための栄養素が高濃度で含まれています。タンパク質、脂質、カルシウム、鉄、そしてビタミン類などがバランスよく含まれているのも、ヒナが殻の中で成長するための必須栄養素、と考えればうなずけます。

　特にたまごのタンパク質は優れもの。必須アミノ酸をバランスよく含んでいます。アミノ酸はタンパク質の構成要素で、人体の生命維持に必要なアミノ酸は20種類あります。その中の、必須アミノ酸といわれる9種類は、体内で合成ができません。必須アミノ酸のひとつであるメチオニンは、脳の神経伝達物質の材料で、肝機能・腎機能を向上させ、老化の抑制をしてくれます。

　さまざまな栄養価が高いことから、たまごは「完全栄養食」といわれますが（表参照）、含まれないものが2つあります。鳥類はビタミンCを体内で生成できるため、鶏卵にはビタミンCがまったく含まれていません。また、食物繊維も含んでいません。

　ですから、良質の動物性タンパク質のたまごとあわせて、野菜・果物からビタミンCと食物繊維、大豆などの植物性タンパク質を同時にとることで、さらにバランスのよい理想的な食事を実現することができます。

たまごの栄養成分表 （全卵、生、可食部100gあたり）

エネルギー	151 kcal	鉄	1.8 mg
タンパク質	12.3 g	亜鉛	1.3 mg
脂質	10.3 g	ビタミンA	150 μg
炭水化物	0.3 g	ビタミンB2	0.43 mg
ナトリウム	140 mg	ビタミンB12	0.9 μg
カリウム	130 mg	コレステロール	420 mg
カルシウム	51 mg		
リン	180 mg		

『食品成分表2015』（女子栄養大学出版部）より

たまごに含まれるコリンのさまざまな健康効果

鶏卵の卵黄には、リン脂質が豊富に含まれています。人体の細胞内には、タンパク質、核酸、脂質などがコロイド状に存在していますが、細胞内で水溶性と脂溶性の成分を溶け合わせる作用をもっているのがリン脂質です。また、脳や神経組織、細胞膜を作る重要な物質でもあります。

卵黄に含まれるリン脂質の成分の中で一番含有量が多いのが、「コリン」です。このコリンは、記憶や学習を司る神経伝達物質「アセチルコリン」のもとになる物質で、ほかにも、ダイエットに効果のある脂質代謝や肝機能を高めたり、美肌作用があることが分かっています。特に、アセチルコリンが不足することで発症するアルツハイマー病の改善・予防の効果が期待されることからも、たまごを食べることが見直されています。

> 美肌、ダイエット、ボケ防止にもたまごがきく!

たまご質問室 Q&A

Q 1日何個食べればいいの?

A 現代の日本人は、この10年以上、タンパク質不足に陥っているということをご存じでしょうか。2010年の1日の平均摂取量は、戦後間もないころと同じ水準まで落ちているというデータがあります。このタンパク質を補う食品として理想的なのがたまごです。

たまごには、必須アミノ酸、ビタミン類などが豊富で、良質なタンパク質がたくさん含まれています。イタリアの115歳の女性は、医者のすすめもあり、1日3個のたまごを欠かしたことがないそう。不足しているタンパク質を補うために、たまごは1日1個以上は食べたいですね。

Q 風邪にたまご酒って効果があるの?

A たまごの卵白に含まれるリゾチームには、風邪の原因となるウィルスを溶かす働きがあります。さらに、卵白に多く含まれるタンパク質には、発熱や細菌に対する抵抗力を高める作用があります。

昔から、風邪をひくとたまご酒を飲んだり、たまごがゆを食べていたのは、非常に理にかなった行動だったのです。アルコールが飲めない人は、消化のいい半熟たまごを食べるのがおすすめです。

Q たまごだけ食べてダイエットできる?

A たまごには、ビタミンC、食物繊維以外の栄養素がバランスよく含まれています。脂質代謝をよくする作用もあるので、ダイエット食としてもおすすめできる食品です。しかし、だからといって、たまごと野菜だけを食べ続ける偏ったダイエットはおすすめしません。

バリン、ロイシンなど脂肪を燃焼するアミノ酸を含んでいるたまごを運動前に食べて効率を上げたり、腹持ちがよく低カロリーというメリットを生かして間食にするなど、食べ方を工夫して上手にダイエットに取り入れてください。

冷凍のしかた

冷凍たまごを作るのは簡単。買ったらすぐに冷凍庫に入れるだけ。ただし、たまごを冷凍するときには、おいしく安全に行うためのルールがいくつかあります。

保存袋に入れて殻のまま冷凍庫へ

たまごを冷凍すると、中身が膨張して殻に亀裂が入り、中身が出やすくなります。冷凍庫に直置きしたり、プラスチックケースのまま冷凍すると、膨張した卵白がくっつき、取りにくくなる場合があります。冷凍庫に入れるときには、いくつかまとめて保存袋に入れることをおすすめします。

殻が割れても大丈夫!

冷凍すると、卵白に含まれる水分が膨張し、殻に亀裂が入りますが、そのまま冷凍してOK。殻から少しはみ出た状態で固まります。保存袋から取り出すときに、卵白がほかのたまごや袋に貼りついてしまうことがありますが、少し常温においておけば、すぐに取れるようになります。

冷凍たまご研究室 2

6時間冷凍

卵黄が固まり始めたところなので、この時点で解凍すると、卵黄の状態は、生と完全冷凍&解凍との間くらいの固さに。前日の深夜に冷凍庫に入れたたまごを次の日の朝に使うと、この状態となります。

殻に亀裂が入る場合も。卵白はゆるく、シャーベット状です。

解凍後。卵白は冷凍前の状態にほぼ戻り、卵黄は少し盛り上がる。

紙パックならそのまま冷凍OK

プラスチックケースは破れる場合がありますが、紙パックなら卵白がこぼれてもくっつきにくく、たまご同士も離れているので安全に冷凍できる優れモノ。捨てずにとっておくと便利です。

冷凍・解凍するときの注意

1 冷凍たまごを作るときは、買ったらすぐに保存袋に移して、冷凍庫に入れてください。

2 冷凍たまごとして使うには卵黄が固まるまで12時間以上冷凍します。

3 冷凍したら1カ月以内に使い切るようにしましょう。

4 外気温の高い真夏の常温解凍は、細菌付着、ウィルス発生などのリスクが生じます。気温が高いときは冷蔵解凍しましょう。

5 解凍後の再冷凍は、衛生上の不安があるので避けてください。

12時間以上冷凍

外に出したとたん、霜がつくほど冷凍された状態。常温解凍する場合、春秋で約2時間かかります。卵黄は固まって盛り上がり、モチモチとした食感に変化。

殻に亀裂が入り、卵白が少しはみ出ています。

解凍後。卵黄が腰高に盛り上がる。色は少し薄くなっています。

冷凍たまごの使い方

冷凍たまごは、大きく分けて3通りの調理方法があります。凍ったまま、解凍してから、そして、焼く、揚げる、ゆでる、炒るなど加熱して使う方法です。それぞれについて詳しく説明していきましょう。

1 凍ったまま調理へ

冷凍たまごの大きな特徴といえるのが、この冷凍したまま調理できる、という点。殻をむいたら、そのまま粉をつけて揚げたり、スープに入れて料理したりと使い方もさまざま。

殻のむき方

1 ボウルに水を入れる。ボウルの中でむくと、殻が飛び散らず、便利です。

2 水に入れた状態で殻の割れ目を手がかりに殻をむきます。割れ目から水が入り、するっとむけます。

3 どんどん溶けてしまうので、すばやく作業しましょう。

調理例 ▶ 基本の料理「揚げたまご（30ページ）」へ

2 解凍してから調理へ

一番スタンダードな使い方が、この解凍してから使う方法です。真夏以外は常温で自然解凍がおすすめです。そのほかにも、冷蔵解凍、電子レンジで時短解凍などの方法があります。

自然解凍

◁ この方法がおすすめ！

まずは18ページの方法で殻をむき、それを容器に入れて常温解凍するだけ。最初に殻を取っておくと、解凍時間が早まります。目安は、冷凍時間で変わりますが、春秋で40分〜1時間、真冬で約2時間。真夏は食材がいたみやすいので、常温解凍は避けましょう。

冷蔵解凍

◁ 真夏はこの方法で！

真夏の時期や、先に解凍しておきたい人におすすめなのが、この冷蔵解凍です。冷凍庫から冷蔵庫に移すと、低い温度でゆるやかに解凍が進むので、たまごへの解凍ダメージが少なくなります。冷凍時間にもよりますが、解凍は18時間以上が目安です。ほとんどの場合約24時間で解凍できます。

電子レンジで解凍

◁ 爆発しないので安心して！

冷凍たまごをすぐに料理に使いたい場合に活躍してくれるのが電子レンジ。24時間以上冷凍したたまごなら、500Wで約50秒が目安です。500Wなら50秒や1分ぐらいの加熱で、爆発することはまずありません。必ず耐熱性のコンテナなどに入れ、フタをせず、殻をむいてから、電子レンジのタイマーを使って加熱しましょう。

調理例 ▶ 基本の料理「たまごかけごはん（27ページ）」「かきたま汁（31ページ）」へ

3 加熱してから調理へ

冷凍のまま、もしくは解凍してから最初にするのがこの加熱調理です。ここでは基本的な焼く、揚げる、ゆでる、炒るについて、ポイントを紹介していきます。

焼く

フライパンを弱火で温め、サラダ油を薄く引き、解凍した冷凍たまごを静かに入れます。弱火で卵白が白く固まるまで約2分焼きます。フタをすると卵黄に白い膜ができ、卵白がソフトにしあがります。

調理例▶基本の料理
「目玉焼き(29ページ)」へ

揚げる

多めに用意した揚げ油を160度に熱し、殻をむいて米粉を薄くまぶした冷凍たまごを静かに入れて約7分揚げます。卵黄が解凍されてぷっくりもっちりとした状態に。

調理例▶基本の料理
「揚げたまご(30ページ)」へ

> **電子レンジでもゆでられます**
> 耐熱容器に殻をむいた冷凍たまごを入れ、水をかぶるまで注ぎ（約100ml）、500Wの電子レンジで約2分50秒加熱する。

ゆでる

ここではポッシェの作り方を紹介します。卵白が固まりやすくなるので、1ℓに対して酢を大さじ1入れます。自然解凍した冷凍たまごを入れ、ごく弱火でゆでます。卵黄がややゆるむのに約5分、半熟状は7～8分を目安に。

調理例▶基本の料理「ポッシェ（28ページ）」へ

炒る

油を薄く引き、中火で温めたフライパンに、解凍した冷凍溶きたまご（作り方は24ページ）を回し入れます。やや固まり始めたら大きくかき混ぜ、半熟状になったら火を止めます。余熱で火が入りすぎないように。

調理例▶基本の料理「炒りたまご（32ページ）」へ

冷凍たまごの便利術

そのまま冷凍するだけではなく、卵白と卵黄に分けて冷凍したり、溶きたまご、薄焼きたまごにしてから冷凍しておくとレパートリーが広がります。さらにうずらたまごの冷凍も紹介！

卵白の保存のしかた

卵白は、冷凍しても解凍すればほぼもとに戻ります。だからこそ、卵白だけで冷凍しておけば、お菓子作りなどの料理に大活躍します。

保存法❶ 小さいコンテナで保存

100円ショップなどで売っているコンテナを使い、1個分、2個分などに分けて冷凍しておけば、いつでも使えて便利。耐熱性のある容器で保存しておけば、電子レンジで解凍も。卵白1個分なら500Wで30〜40秒を目安に加熱します。

写真左は冷凍前の卵白、右は冷凍状態の卵白

保存法❷ 1個分ごとにシリコンカップも使える

シリコンカップのいいところは、破れにくくしなやかなことです。このシリコンカップに、卵白1個分ずつを冷凍しておけば、凍ったままポンと抜き出せて、すぐに料理に使えます。保存期間は、約1カ月を目安に使い切ってください。

調理例▶

「卵白とキノコのマヨカレーあえ（88ページ）」

「ナッツメレンゲ（92ページ）」

「フィナンシェ（95ページ）」ほか

卵黄の保存のしかた

卵白と分けた卵黄は、少しの衝撃で壊れやすいので、そっと扱うようにしましょう。1個ずつ容器に入れて冷凍するのがポイント。味噌やしょうゆ漬けなどに利用できます。保存期間は約1カ月が目安です。卵黄は常温または冷蔵庫で解凍しましょう。

保存法 ▶ 小さめのシリコンカップが便利

卵黄だけを冷凍保存する場合、少し小さめのシリコンカップに1個ずつ入れると、取り出すときに便利です。

卵黄の色は赤いほうが栄養がある?

卵黄の色が濃いほどおいしい、栄養がある、と誤解している人は多いようですが、実は卵黄の色は、味や栄養とは関係がないのです。実際に欧米など海外では、卵黄が白っぽい、レモン色程度の卵が主流だとか。卵黄の色を決めるのは、すべてエサです。濃い黄色を出すために、鶏の飼料には、トウモロコシやパプリカなどが混ぜられているといいます。

ちなみに、殻の色で「赤玉」「白玉」と2種類のたまごがありますが、これは一般的に赤い羽根の鶏は赤いたまご、白い羽根の鶏は白いたまごを生むから。同じ飼料で育てれば、こちらも味や栄養価の違いはほとんどありません。

調理例 ▶

「卵黄の味噌漬け
(74ページ)」

「卵黄の海苔包み
(75ページ)」

溶きたまごの保存のしかた

作っておくと便利なのが、溶きたまごの冷凍保存。解凍して炒りたまごにしたり、スープに入れたり、食材にからめて焼いたりと、さまざまに活用できます。

保存法 小さいコンテナが大活躍

ここでも活躍するのが小さめのコンテナです。生たまごを溶きほぐし、1個分ずつ分けて冷凍しておきましょう。保存期間は、約1カ月が目安です。自然解凍をおすすめします。

写真左は冷凍前の溶きたまご、右は冷凍状態の溶きたまご

冷凍する場合の溶きたまごの作り方

生卵（冷凍ではない）をボウルに割り入れ、箸を使って溶きほぐします。

まず、箸で卵黄を突き刺して崩してから均等にほぐし、卵白は切るようにしてほぐします。このあと、たまごに空気があまり入らないように箸をボウルの底から離さないようにして左右に動かし、卵黄と卵白を混ぜあわせます。ピカタやジョンなど衣がわりに利用したい場合は網じゃくしなどでこしてサラサラに。

調理例 ▶

「カニたま（39ページ）」

「炒りたまごと豆のサラダ（63ページ）」

「ズッキーニのジョン（78ページ）」ほか

薄焼きたまごの作り方、保存のしかた

ちらし寿司の錦糸たまごや茶巾寿司などでよく見かける薄焼きたまご。実は作るのはすごく簡単。作って冷凍しておくだけで、いろいろな料理に使い回せる強い味方です。

材料(6枚) ▶ 卵…2個　牛乳…大さじ2　砂糖…1つまみ

作り方　失敗しないカギは低めの温度

❶ボウルにたまごを割り入れ、箸でほぐす。牛乳、砂糖を加えてよく混ぜ、こす。

❷フライパンを中火で温め、サラダ油を薄く引き、ペーパーで余分な油をふき取る。フライパンをふきんにのせて温度を下げ、①の1/6量を流し、すばやく全体に広げる。

❸弱火にかけ、卵の周囲が乾いてきたら端を箸にのせて裏返す。表面が乾く程度に軽く焼き、網にのせて冷ます。同様にしてあと5枚焼く。

❹③が冷めたら、1枚ずつ軽く巻き、ラップで包み、容器に入れて冷凍する。

保存法　1枚ずつラップで包んで冷凍庫へ

1枚ずつ包んで冷凍しておけば、使いたいときに必要な分だけ取り出せます。保存期間は約1カ月が目安です。使うときは冷蔵庫に移して冷蔵解凍しましょう。1時間くらいで解凍できます。

調理例▶

「薄焼きたまごと菜の花のゴマ酢あえ(85ページ)」

「薄焼きたまごの辛子明太子巻き(86ページ)」

「薄焼きたまごとハクサイの即席キムチ(87ページ)」ほか

うずらたまごだって冷凍できます！

たまごといえば、うずらたまごを忘れちゃいけません。鶏卵より栄養価が高いうずらたまごは、冷凍すればもちろん卵黄がモッチリと盛り上がり、濃厚でクリーミーな味に変化します。

保存袋で保存、が基本

うずらたまごは、冷凍してもほとんどの場合、殻が割れて卵白が飛び出すことはありません。購入したパックのまま凍らせても大丈夫ですが、保存袋に入れかえて冷凍させたほうが安心です。保存期間は約1カ月を目安にしましょう。

解凍は自然解凍で

うずらたまごは小さいので、常温でおいておけば30分くらいで解凍できます。電子レンジで解凍する場合は、殻をむいて耐熱容器に入れ、500Wの電子レンジで約20秒加熱します。解凍できていなければ、様子をみながら10秒ずつ加熱しましょう。

調理例▶

「うずらたまごと新タマネギのレンジ蒸し（80ページ）」

「うずらたまごのカナッペ（82ページ）」

「うずらたまごシュウマイ（83ページ）」ほか

基本のレシピ

ここでは、冷凍たまごを使ったシンプルな料理を紹介します。
まずは、基本の調理法で、冷凍たまごのおいしさを味わいましょう。

こっくりおいしい
基本の「き」のレシピ

たまごかけごはん

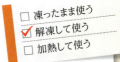

☐ 凍ったまま使う
☑ 解凍して使う
☐ 加熱して使う

材料(1人分)
冷凍たまご…1個
炊き立てのごはん…適宜
しょうゆ…適宜

作り方
❶冷凍たまごは殻をむいて容器に入れ、解凍する。
❷茶碗に炊き立てのごはんをよそい、①をのせる。
お好みでしょうゆをかけ、混ぜて食べる。

基本のレシピ

酢を入れることで、卵白が固まりやすくなる
ポッシェ

☐ 凍ったまま使う
☑ 解凍して使う
☑ 加熱して使う

> **ポッシェとは?**
> フランス料理の加熱法のひとつ。沸騰させず低温でゆでることをいう。

材料(1人分)
冷凍たまご…1個
湯…1ℓ
酢…大さじ1

作り方

❶ 冷凍たまごは解凍し、殻をむいて容器に入れる。

❷ 鍋に湯を沸かし、酢を加える。

❸ ①を②に静かに入れる。

❹ 弱火で加熱し、卵白が白く固まるまでいじらない。広がった卵白は、卵黄を包むように箸でそっと寄せ、卵黄がややゆるむまで約5分、半熟状には7〜8分ゆでる。

❺ 網じゃくしでたまごをすくい上げ、湯をきる。

弱火でゆっくり
加熱するのがコツ
目玉焼き

☐ 凍ったまま使う
☑ 解凍して使う
☑ 加熱して使う

材料(1人分)
冷凍たまご…1個
サラダ油…小さじ1
塩、コショウ…各少々

作り方
❶冷凍たまごは解凍し、殻をむいて容器に入れる。
❷フライパンにサラダ油を引いて弱火で温め、①を静かに入れる。
❸フタをして卵白が白く固まるまで焼き、器に盛る。お好みで塩、コショウをふる。

基本のレシピ

低温でじっくり揚げると やや半熟状の固さに
揚げたまご

☑ 凍ったまま使う
☐ 解凍して使う
☑ 加熱して使う

材料(1人分)
冷凍たまご…1個
米粉…適宜
揚げ油…適宜

作り方
❶揚げ油を160度に熱する。
❷冷凍たまごは殻をむき、米粉を薄くつけ、網じゃくしにのせ、①に入れる。
❸卵白が固まって薄く色づき、卵黄が半熟になるまで約7分揚げる。網にのせ、油をよくきる。

冷凍溶きたまごを使った ふんわり味
かきたま汁

☐ 凍ったまま使う
☑ 解凍して使う
☑ 加熱して使う

冷凍溶きたまごの作り方は24ページへ

材料(1人分)
冷凍溶きたまご…1個分
だし…3/4カップ
酒、みりん…各小さじ1
薄口しょうゆ…小さじ1と1/2
水溶き片栗粉…小さじ1
糸三つ葉(2cmの長さに切る)…少々

作り方
❶冷凍溶きたまごは解凍する。

❷だしを煮立て、酒、みりん、薄口しょうゆで調味し、水溶き片栗粉を加えてかき混ぜながら火を通してとろみをつける。

❸①を②に糸状に流し入れ、大きくかき混ぜ、たまごがふわりと浮かんできたら火を止め、糸三つ葉を散らし、器に盛る。

ふわりとしあげるには
かき混ぜすぎないこと
炒りたまご

☐ 凍ったまま使う
☑ 解凍して使う
☑ 加熱して使う

冷凍溶きたまごの作り方は24ページへ

材料（1人分）
冷凍溶きたまご
…1個分
牛乳…大さじ1
砂糖…1つまみ
塩…少々
サラダ油…小さじ1

作り方
①冷凍溶きたまごは解凍してボウルに入れ、牛乳、砂糖、塩を加えて、箸をボウルの底から離さないようにしてかき混ぜる。

②フライパンにサラダ油を引いて中火で温め、①を流し入れ、全体がやや固まりはじめたら大きくかき混ぜる。

③たまごが半熟状になったら火を止め、器に盛る。

PART 2

冷凍たまごの
しっかりおかず

栄養たっぷり、アンチエイジングにも効果がある、冷凍たまごが主役のおかずを紹介。普段の料理が、さらにおいしくなるアイディアがいっぱいです。

トマトの酸味がきいた
ボリュームたっぷりの肉料理
スコッチエッグ

材料(2人分)

冷凍たまご…2個
合いびき肉…180g
タマネギ(みじん)…60g
塩…小さじ1/3

Ⓐ コショウ…少々
　ナツメグ…小さじ1/4
　オールスパイス
　…小さじ1/4

車麩(ミルサーで
粉状に砕く)…10g
小麦粉、パン粉…各適宜
揚げ油…適宜

[フレッシュトマトソース]
　完熟トマト…中1個
　塩…小さじ1/4
　コショウ…少々

[ハーブサラダ]
　ルーコラ(根を切り、4cmの
　長さに切る)…1株
　イタリアンパセリ
　(葉を摘む)…1枝
　サニーレタス
　(ひと口大にちぎる)…1枚
　EVオリーブ油…大さじ1
　塩…小さじ1/4
　コショウ…少々
　レモン汁…小さじ1

作り方

❶タマネギを耐熱容器に入れ、600Wの電子レンジで1分30秒加熱し、冷ます。

❷ひき肉をボウルに入れ、塩を加えてよく練り、①、Ⓐ、車麩を混ぜて2等分する。

❸ラップに②をひとつのせて厚さ5〜6mmに広げ、殻をむいた冷凍たまご1個を真ん中におき、ラップでみっちり包み、形を整える。

❹③に小麦粉、パン粉をまぶし、網じゃくしにのせ、160度の揚げ油に静かに入れる。表面の肉が固まるまでいじらず、ひき肉に火が通るまで約10分揚げる。

> この時点では卵白は半生で固まっていません!

❺油をきって耐熱容器に移し、600Wの電子レンジで1分加熱し、卵白を半熟状にする。

❻ソースを作る。トマトはヘタと皮を除いて粗く刻み、ミルサーでピュレにし、塩、コショウで調味する。

❼サラダを作る。ハーブとサニーレタスを合わせ、EVオリーブ油をからめ、塩、コショウ、レモン汁で調味する。

❽⑤に⑦を添えて盛り、⑥を添える。

薬味がきいた、ジューシーな味わい
エッグ和風バーグ

材料(2人分)

冷凍たまご…2個　コショウ…少々
合いびき肉…180g　タマネギ(みじん)…150g
塩…小さじ1/4　パン粉…10g
酒…大さじ1

[薬味ソース]
　長ネギ(みじん)…大さじ1
　ショウガ(みじん)…小さじ2
　ニンニク(みじん)…小さじ1
　しょうゆ…大さじ1

[ダイコンサラダ]
　ダイコン…100g　　塩…小さじ1/5
　ニンジン…30g　　 酢…小さじ1
　クレソン…4〜5本　粉ザンショウ…少々

作り方

❶タマネギを耐熱容器に入れ、600Wの電子レンジで3分加熱し、冷ます。

❷ひき肉をボウルに入れ、塩と酒を入れてよく練り、コショウ、①、パン粉を混ぜて2等分して丸める。

❸耐熱容器に油(分量外)を薄く塗り、②を入れる。それぞれの真ん中にくぼみを作り、殻をむいた冷凍たまごをのせる。

❹アルミホイルをふわりとかけ、予熱した180度のオーブンで約25分焼く。火を止めて約5分蒸らす。

❺サラダを作る。ダイコンとニンジンはスライサーでせん切りにし、クレソンは4cmの長さに切る。塩、酢、粉ザンショウで調味する。これを皿に移した④に添え、混ぜた薬味ソースをかける。

だしの風味が食欲をそそる
袋煮

材料(2人分)

冷凍たまご…2個
油揚げ(いなり用)…1枚
かんぴょう(15cm、水で戻す)…2本
生シイタケ(軸を取り、2つ切り)…2枚
チンゲンサイ(根元を切り、縦4つ切り)
…小1株
　[煮汁]
　　だし…1と1/2カップ
　　薄口しょうゆ…大さじ1と1/3
　　みりん…小さじ1
　　酒…大さじ1

作り方

❶油揚げは半分に切り、切り口を開いて袋状にする。この中に、殻をむいた冷凍たまごを入れ、口をかんぴょうで結び留める。かんぴょうの代わりに楊枝で留めてもよい。

❷煮汁の材料を鍋に入れて煮立て、①を入れ、中火で1分、弱火で7〜8分煮て、半熟状にする。

❸シイタケ、チンゲンサイはさっと下ゆでする。

❹袋煮を器に盛る。残った煮汁に、③を入れて軽く火を通して味つけし、盛り添える。

ピリッとした辛みとバターの甘味がマッチ
エッグベネディクト

材料(2人分)

冷凍たまご…2個

[簡単オランデーズソース]
　卵黄…1個
　マヨネーズ…小さじ1
　バター…30g
　塩…少々
　レモン汁…小さじ1/2
　カイエンペッパー…少々

イングリッシュマフィン…1個
ベーコン(薄切り)…2枚
フリルレタス(ひと口大にちぎる)…2枚
レッドレタス(ひと口大にちぎる)…1枚
イタリアンパセリ(みじん)…少々
ミニトマト(4つ切り)…4個
フレンチドレッシング(市販)…小さじ2

作り方

❶ソースを作る。ボウルに卵黄を入れて泡立て器でほぐし、マヨネーズを混ぜる。耐熱容器に入れて、500Wの電子レンジで加熱して溶かしたバターを少しずつ加えてよく混ぜ、塩、レモン汁、カイエンペッパーで調味する。

❷冷凍たまごはポッシェ(作り方は28ページ)にし、網にのせて水けをきり、冷ます。

❸イングリッシュマフィンは厚さ半分に切り、トースターで軽く焦げ目がつくまで焼く。

❹ベーコンはアルミホイルに並べ、トースターでカリッとするまで焼く。

❺器に③をおき、④をのせ、②をのせてソースをかける。レタス2種、パセリを合わせてトマトを添え、ドレッシングをかける。

ふんわり、だけどしっかりした食感
カニたま

材料(2人分)
冷凍溶きたまご…3個分
牛乳…大さじ3
カニ風味かまぼこ(ほぐす)…60g
長ネギ(粗みじん)…大さじ2
サラダ油…大さじ2

[あん]
　昆布だし…1/2カップ
　しょうゆ…大さじ1
　みりん…小さじ1
　酢…小さじ1
　片栗粉…小さじ2

パセリ(みじん)…少々

作り方
❶冷凍溶きたまごは解凍してボウルに入れる。箸でよくほぐし、牛乳を混ぜる。かまぼこ、長ネギを入れ、軽く混ぜる。

❷あんの材料を鍋に入れて混ぜ、中火で煮て、とろみがついたら火を止める。

❸フライパンにサラダ油を引いて中火にかけ、熱くなったら①を入れる。たまごの周りが固まりはじめたら大きくかき混ぜ、半熟状になったら火を止める。

❹③を器に盛り、②のあんをかけ、パセリを散らす。

香ばしい卵白に包まれて卵黄がとろり
揚げだし風

材料（2人分）

冷凍たまご…2個　　［つゆ］　　　　　　ダイコン（おろし、軽く水きり）…1/2カップ
米粉…適宜　　　　　だし…1/2カップ　　細ネギ（小口切り）…小さじ2
揚げ油…適宜　　　　酒…大さじ1　　　　ショウガ（おろす）…小さじ1
　　　　　　　　　　みりん…小さじ1
　　　　　　　　　　しょうゆ…大さじ1

作り方
❶鍋につゆの材料を入れて煮立て、火を止める。
❷冷凍たまごで揚げたまごを作る（作り方は30ページ）。
❸器にダイコンおろしを敷き、②を盛る。①をかけて細ネギを散らし、天にショウガをあしらう。

パリッとした板麩と牛肉がたまごとよく合う
肉巻き味噌焼き

材料(2人分)

冷凍たまご…2個
牛肉(すき焼き用)…100g
板麩…2枚
焼き海苔(2/3の大きさ)
…2枚
しそ…6枚

Ⓐ 味噌…大さじ2
　 練りゴマ…小さじ1
　 ゴマ油…小さじ1

レンコン(薄輪切り)…4枚
梅酢(市販)…小さじ2
すだち(くし形)…2切れ

作り方

❶Ⓐをよく混ぜる。

❷板麩を水にくぐらせてしんなりさせ、両端の輪をはさみで切り離し、2枚1組にする。海苔は横半分に切る。

❸②の板麩2枚を横長に並べ、①を塗り、②の海苔1枚としそ3枚を並べて重ねる。その上に牛肉の半量を広げて重ね、殻をむいた冷凍たまご1個をのせて巻く。残りでもうひとつ作る。

❹深めのココットにサラダ油(分量外)を薄く塗り、③を立てて入れる。

❺予熱した180度のオーブンに④を入れ、卵白が半熟状に固まるまで約10分焼く。そのあと500Wの電子レンジで1分30～40秒加熱する。

❻レンコンは1枚を4つに切り、酢(分量外)を入れた熱湯で歯ごたえよくゆで、梅酢をからめて冷ます。

❼⑤をココットから出して器に盛り、⑥とすだちを添える。

厚切り肉も卵衣でやわらかに
ポークピカタ

材料(2人分)
- 冷凍溶きたまご…1個分
- パルミジャーノチーズ(おろす)…大さじ1
- パセリ(みじん)…小さじ1/2
- 豚ひれ肉(2cmの厚さに切る)…4枚(200g)
- 塩…小さじ1/3
- コショウ…少々
- 小麦粉…適宜
- サラダ油…大さじ2
- キャベツ…3枚
- 塩…小さじ1/4
- キャラウェイシード…少々

作り方

❶冷凍溶きたまごは解凍してほぐし、チーズ、パセリを混ぜる。

❷豚ひれ肉はラップに挟んで軽く叩いてのばし、塩、コショウして小麦粉をつけ、①をからめる。

❸フライパンにサラダ油を引いて中火で温め、②を入れて焼く。たまごが固まったら裏返し、裏面を軽く焼き固める。

❹オーブンペーパーを敷いた天板に③をのせ、予熱した180度のオーブンで約10分焼き、肉に火を通す。

❺キャベツはさっとゆで、水に入れて冷まし、せん切りにする。塩とキャラウェイで調味し、④に添える。

中華風の味つけがたまごのとろみに合う
鶏手羽先とたまごの八角煮

材料(2人分)
冷凍たまご…2個
鶏手羽先…4本
ショウガ(皮)…4切れ
青ネギ(10cmの長さ)…2切れ
八角…2～3片
しょうゆ…大さじ1
テンメンジャン…大さじ1
紹興酒…大さじ2
オクラ…4本

作り方
❶手羽先は熱湯にくぐらせてさっと下ゆでし、鍋に入れ、水をかぶるまで注ぐ。ショウガの皮、青ネギ、八角を加え、中火で煮る。途中でアクをすくい、静かに沸騰する火加減で15分煮て、しょうゆ、テンメンジャン、紹興酒で調味し、5分煮る。

❷冷凍たまごの殻をむいて①に加え、さらに弱火で7～8分煮てたまごを半熟状にする。

❸②を器に盛り、さっとゆでたオクラを添えて、煮汁をかける。

冷凍たまごの朝食メニュー ▶ 1週間

朝食の栄養充実には、たまごが強い味方。冷凍たまごなら時短でおいしさも充実。

月 エッグスラット

話題のレシピも冷凍たまごでワンランク上の味に！

Monday

材料(2人分)

- 冷凍たまご…2個
- ジャガイモ…2個
- 塩…小さじ1/3
- コショウ…少々
- レモン汁…小さじ1
- EVオリーブ油…小さじ2
- フレッシュディル…少々
- ケッパー…6〜8粒
- フォカッチャ(スライス)…4切れ
- 水菜(葉先を摘む)…1/2株
- ミニトマト赤、黄(半分に切る)…各2個
- フレンチドレッシング(市販)…小さじ2

作り方

❶ジャガイモは洗って4つ切りにし、耐熱容器に入れてフタをし、600Wの電子レンジで2分加熱する。皮をむき、フォークでつぶし、塩、コショウ、レモン汁、オリーブ油で調味し、マッシュポテトを作る。

❷耐熱容器に①を入れ、真ん中にくぼみを作り、殻をむいた冷凍たまごを入れる。ラップでカバーし、500Wの電子レンジで約2分40秒加熱する。たまごの固まり具合はお好みで、10秒ずつ加熱して調整する。

❸②にディル、ケッパーをトッピングし、軽くトーストしたフォカッチャ、ドレッシングであえた水菜、トマトを添える。パンはフォカッチャでなくてもOK。

火

ハムエッグ

いつもの目玉焼きだけど卵黄のこくが違う

材料(2人分)
冷凍たまご…2個
ハム…2枚
菜の花(5cmの長さに切る)…50g
モヤシ…1/4袋
赤パプリカ(細切り)…1/4個
サラダ油…小さじ1
塩…小さじ1/6
コショウ…少々
白ワインビネガー…小さじ1/2
EVオリーブ油…小さじ1
田舎パン(スライス)…4切れ

作り方
❶冷凍たまごは解凍する。

❷菜の花、モヤシ、赤パプリカはかためにさっとゆで、冷水で冷まし、水けをよくきる。

❸フライパンにサラダ油を引いて弱火で温め、①を入れ、卵白が白く半熟状に固まるまで焼く。たまごの脇でハムを軽く焼く。

❹器に③のハムを敷き、たまごをのせる。②を添え、全体に塩、コショウ、白ワインビネガー、EVオリーブ油をふる。軽くトーストしたパンを添える。パンはお好みで。

Tuesday

冷凍たまごの朝食メニュー▶1週間

Wednesday

水

エッグシリアル

甘い炒りたまごはシリアルとも相性よし

材料(2人分)
冷凍溶きたまご…2個
シリアル…100g
プレーンヨーグルト(無糖)…200㎖
イチゴ(ヘタを取り、2〜4つに切る)…4〜6個
ブルーベリー…60g
ミント…適宜
メイプルシロップ…大さじ2

作り方
❶冷凍溶きたまごで炒りたまごを作る(作り方は32ページ)。
❷器にヨーグルト、シリアルを入れ、①をのせる。イチゴ、ブルーベリー、ミントを添え、たまごにメイプルシロップをかける。

木

味噌雑炊

和風の朝食も冷凍たまごにおまかせ

材料(2人分)
- 冷凍たまご…2個
- 冷やごはん…茶碗2杯(300g)
- ホタテ水煮…小1缶(50g)
- 昆布だし…1と1/2カップ
- 味噌…大さじ2
- 水菜(3cmの長さに切る)…1/2株
- ミョウガ(薄切り)…1個

作り方
❶ 鍋に昆布だしを入れ、味噌を溶き入れ、ホタテを入れて軽く混ぜる。冷やごはんをほぐして加え、殻をむいた冷凍たまごを真ん中に入れる。中火にかけ、煮立ったら火を止めて7〜8分蒸らす。

❷ 水菜とミョウガを散らし、余熱で軽く火を通し、器に盛る。

Thursday

冷凍たまごの朝食メニュー▶1週間

Friday

金

パンカップグラタン

たまごとチーズがよく焼けたパンにぴったり

材料（2人分）
冷凍たまご…2個
食パン（サンドイッチ用）…2枚
バター…小さじ2
パルミジャーノチーズ（おろす）…大さじ1
海藻ミックス（乾燥）…7g
キュウリ（薄輪切り）…1/2本
フレンチドレッシング（市販）
　…大さじ1

作り方
❶食パンの四方の耳の中央に1cmの切り込みを入れ（容器におさまりやすくするため）、バターを薄く塗る。

❷耐熱容器にバター（分量外）を薄く塗り、①を敷き、チーズをふり、殻をむいた冷凍たまごを入れる。

❸予熱した180度のオーブンで10〜15分焼き、たまごが半熟状になるように火を通す。

❹海藻ミックスはたっぷりの水に5分つけて戻し、水けをよくきり、キュウリと混ぜてドレッシングであえ、③に添える。

郵 便 は が き

料金受取人払郵便

麹町局承認

946

差出有効期間
平成29年3月
24日まで

1 0 2 - 8 7 2 0
439

東京都千代田区九段北
4－2－29
株式会社 世界文化社
編集部 (SC編集)
『冷凍たまごのこくまろレシピ』係行

郵便番号□□□-□□□□
おところ

(ふりがな)

お名前　　　　　　　　　　　　　性別　1男　2女

ご職業 または 学校名

年齢（　　）歳

お買い求めの書店名（所在地）	購入年月日
	年　　月　　日

1. 本書を最初に何でお知りになりましたか。

　　1.新聞広告（　　　　　　　新聞）　2.雑誌広告（雑誌名　　　　　　）

　　3.新聞・雑誌の紹介記事（新聞・雑誌名　　　　　　　　　　　）

　　4.書店で実物を見て　5.人にすすめられて　6.インターネットで見て

　　7.メールマガジンで見て　8.その他（　　　　　　　　　　　　　）

2. 本書をお買い求めになった動機に当てはまる番号を
**　○で囲んでください。（いくつでも可）**

　　1.著者にひかれて　　　2.表紙が気に入ったので

　　3.タイトルにひかれて　　4.内容にひかれて

　　5.その他（　　　　　　　　　　　　　　　　　　　）

3. 本書の価格について

　　1. 安い　　　2. 適当　　　3. 高い

4. 本書をお読みになってのご意見・ご感想、今後ほかに読みたい
**　テーマがありましたら、お書きください。**

ペンネーム（　　　　　　　　　）

※あなたのご意見・ご感想を、本書の新聞・雑誌広告や世界文化社のホームページ等で

　　1.掲載してもよい　　2.掲載しないでほしい　　3.匿名なら掲載してもよい

※当社よりお客様に今後の刊行予定など各種ご案内をお送りしてもよろしいで
　すか。希望する場合は右記の□にチェックしてください。

当社からの案内などを希望する……………□

ご協力ありがとうございました。

PART

3

冷凍たまごの
簡単ごはん

どんな料理にも合う冷凍たまご
ですが、とくにごはんや麺との
相性はバッチリ。モチモチの冷
凍たまごで、新しい味わいを楽
しんで。

手軽においしくできる
エスニックごはん！
ガパオ風ライス

材料(2人分)

冷凍たまご…2個
ごはん（炊き立て）…300g
豚肩ロース肉（小角切り）…200g
オリーブ油…大さじ1
ニンニク（みじん）…小さじ1
赤唐辛子（小口切り）…1本

Ⓐ しょうゆ、オイスターソース…各大さじ1
　 ナンプラー…小さじ2
　 砂糖…小さじ1

パプリカ赤、黄（小角切り）…各1/4個
サヤインゲン（1cmの長さに切る）…3本
バジル（葉を摘み、ちぎる）…2～3枝

作り方

❶ フライパンにオリーブ油、ニンニク、赤唐辛子を入れて中火で炒め、香りが出たら肉を加えて炒める。肉の色が変わったら、混ぜたⒶを入れて、肉がやわらかくなるまで約15分煮る。バジル以外の野菜を入れてさらに5～6分煮て野菜に火を通す。

❷ 野菜に火が通ったら、バジルを入れて火を止める。

❸ 冷凍たまごで目玉焼きを作る（作り方は29ページ）。

❹ 器にごはんと❷を盛り、❸をのせる。

> **コラム**
>
> ガパオとはカミメボウキ（英名ホーリーバジル）のこと。これで風味をつけた肉の炒めものをのせた、タイの定番ごはん。バジルはスイートバジルでも代用できます。

目玉焼きとコンビーフをコチュジャン味で
おにぎらず

材料(2人分)
冷凍たまご…2個
ごはん(炊き立て)…300g
コンビーフ…小1缶(80g)
焼き海苔(半分に切る)…1枚
ゴマ油…少々
コチュジャン…小さじ1
エゴマの葉(しそでもよい)…4枚

作り方
❶冷凍たまごは目玉焼きにする(作り方は29ページ)。

❷コンビーフは耐熱容器に入れ、500Wの電子レンジで約40秒加熱して軽くほぐす。

❸海苔にゴマ油とコチュジャンを薄く塗り、エゴマを重ねる。

❹ごはんを軽く握って③にのせて5～6cm四方に広げる。コンビーフをのせて均等に広げ、①をおき、四方から包む。

ごはんにたまごをからめてから炒めてパラリとした食感
たまごチャーハン

材料(2人分)
冷凍溶きたまご…2個分
ごはん(温かい)…300g
糸三つ葉(5mm幅に切る)…50g
塩麹…小さじ2
サラダ油…大さじ2
ゴマ油…小さじ1

作り方
❶冷凍溶きたまごは自然解凍し、ボウルに入れ、箸で軽くほぐし、塩麹と糸三つ葉を混ぜる。この中にごはんを入れて、溶きたまごを均等にからめる。

❷サラダ油とゴマ油をフライパンに引いて中火で温め、①を入れて炒める。大きく混ぜながらごはんをほぐし、炒めながらたまごを半熟状にする。

余熱で火が通りすぎないうちに召し上がれ!
親子丼

材料(2人分)
冷凍溶きたまご…2個分
鶏もも肉(小角切り)…100g
長ネギ(斜め薄切り)…50g
春菊(葉を摘む)…2枝
[煮汁]
　だし…1カップ
　しょうゆ…大さじ1
　みりん…小さじ2
　酒…大さじ1
ごはん(温かい)…300g

作り方
❶冷凍溶きたまごは解凍する。
❷小さめのフライパンで煮汁を煮立て、鶏肉を入れて中火で約10分煮て火を通す。
❸長ネギ、春菊を入れ、①を全体に流す。フタをして弱火で1～2分煮て半熟状に火を通す。
❹器にごはんを盛り、③の具をのせ、煮汁を適宜かける。

こくのある冷凍たまごを使って簡単プロの味
スパゲッティ・カルボナーラ

材料(2人分)

冷凍溶きたまご…2個分

Ⓐ 生クリーム…大さじ2
　バルミジャーノチーズ(おろす)…大さじ2
　粗挽き黒コショウ…少々

ベーコン薄切り(1cm幅に切る)…2枚
EVオリーブ油…小さじ1
スパゲッティ(直径1.6mm)…180g
塩…大さじ1

作り方

❶冷凍溶きたまごは解凍する。

❷ボウルに①を入れて箸でほぐし、Ⓐを加えてよく混ぜる。

❸フライパンにオリーブ油とベーコンを入れ、弱火で炒める。ベーコンから脂が出てきたら中火にしてカリッとさせ、②に加える。

❹湯を2ℓ沸かし、塩を入れ、スパゲッティをゆでる。メーカーの指示時間を目安にしてかためにゆで、湯をきり、③に入れて手早くあえる。

だしのやさしい味がたまごに染みて
煮そうめん

材料(2人分)

冷凍たまご…2個
そうめん…2束
シメジ(根元を切り、ばらす)…1/2パック
せり(5cmの長さに切る)…1株
　[つゆ]
　　だし…2カップ
　　しょうゆ…大さじ1と1/2
　　みりん…小さじ1
　七味唐辛子…少々

作り方

❶冷凍たまごは解凍する。

❷つゆを煮立て、①を静かに入れ、弱火で7〜8分煮て半熟状にし、シメジとせりを入れて火を止める。

❸そうめんは沸かした湯に入れて、メーカーの指示時間を目安にかためにゆで、湯をきって器に盛る。

❹②のたまごを網じゃくしですくって③にのせ、野菜とともにつゆをはり、七味唐辛子をふる。

たまごのまろやかさと刺激的な辛さがたまらない
タイ風グリーンカレー

材料(2人分)
冷凍たまご…2個
生タラ(ひと口大に切る)…150g
米粉、サラダ油…各適宜
ごはん(温かい)…300g
Ⓐ 紫タマネギ(みじん)…100g
　 青唐辛子(1cm幅の小口切り)…2〜3本
　 ニンニク(みじん)…小さじ1
　 しし唐辛子(2cm幅の小口切り)…8本
サラダ油…大さじ1
ココナッツミルク…200㎖
コショウ…少々
ナンプラー…大さじ1
バイマックルー(コブミカンの葉)…2枚
ナス(くし形に半分に切る)…1個
香菜(2cmに切る)…1株

作り方
❶タラは米粉を薄くまぶし、サラダ油小さじ1で炒め焼く。このあとサラダ油小さじ1を足し、ナスを色よく炒める。

❷グリーンカレーを作る。フライパンにサラダ油大さじ1とⒶを引いて中火で炒めて香りを引き出し、湯1/2カップ(分量外)、ココナッツミルク、コショウ、ナンプラー、バイマックルーを加えて混ぜ、①のタラを入れて煮る。タラに火が通ったらナスを混ぜる。

❸冷凍たまごは目玉焼きにする(作り方は29ページ)。

❹器にごはんを盛り、②をかけ、③をのせ、香菜を散らす。

干しエビ、高菜の風味をからめて
たまごビーフン

材料(2人分)
冷凍たまご…2個
干しエビ…10g
ビーフン…100g
サラダ油…小さじ1、大さじ1
ゴマ油…小さじ1
高菜漬け(粗みじん)…50g
モヤシ…100g
レタス(せん切り)…2枚
紹興酒…大さじ2
しょうゆ…小さじ1
長ネギ(みじん)…小さじ2

作り方
❶冷凍たまごはポッシェにする（作り方は28ページ）。
❷干しエビはぬるま湯1/2カップ（分量外）に浸して戻す。ビーフンはたっぷりの湯で4分ゆでて水で冷やし、水けをきり、サラダ油小さじ1をまぶす。
❸フライパンでサラダ油大さじ1とゴマ油を中火で温め、高菜漬けを炒めて香りを出し、モヤシ、レタスを入れて軽く炒める。
❹②の干しエビとビーフンを加えて炒め、干しエビの戻し汁、紹興酒を入れて味を含ませ、最後にしょうゆを回し入れて火を止める。
❺器に④を盛り、①をのせ、長ネギを散らす。

こっくりトロリのたまごがピリ辛味をまろやかに
たまご担担麺

材料(2人分)
冷凍たまご…2個
牛ひき肉…200g
サラダ油…大さじ1
豆板醤…小さじ2
Ⓐ 長ネギ(みじん)…20cm
　 ニンニク(みじん)…小さじ1
　 ショウガ(みじん)…小さじ1
Ⓑ 紹興酒…大さじ2
　 テンメンジャン…大さじ1
　 しょうゆ…大さじ2
　 白練りゴマ…小さじ1
水溶き片栗粉…大さじ2
中華麺…2玉
チンゲンサイ(根を切り、葉をばらす)…1株
ラー油…少々

作り方
❶冷凍たまごはポッシェにする(作り方は28ページ)。

❷サラダ油で豆板醤を炒めて香りを出し、Ⓐを入れて炒め、ひき肉を加えて炒める。ひき肉に火が通ったらⒷで調味し、水溶き片栗粉を回し入れてとろみをつける。

❸チンゲンサイは色よくかためにゆで、湯をきる。この残りの湯で中華麺をかためにゆで、器に盛る。

❹②と①、③のチンゲンサイを麺に添えて盛り、ラー油をかける。

ジャーサラダでランチ▶1週間

携帯もOKのジャーサラダにも、冷凍たまごが大活躍！野菜たっぷりヘルシーなラインナップ。

月 | 目玉焼きとクスクスのサラダ

食材を詰めて余った部分を葉もので固定するのがコツ

冷凍たまごは目玉焼きを使っています

材料(1人分)

冷凍たまご…1個　　クスクス…50g
水…50g　　塩、コショウ…各少々
EVオリーブ油…小さじ1
紫タマネギ(薄切り)…小1/5個
トマト(くし形にして半分に切る)…1/2個
ゆでダコ(生食用)…小足1本
カリフラワー(小房に分ける)…小1/8個
オクラ…2本
サラダ菜(大きめにちぎる)…2枚
ルーコラ(長さを半分に切る)…1株
水菜(葉先を摘む)…2〜3本

[ソース]
　フレンチドレッシング※…大さじ3
　イタリアンパセリ(みじん)…小さじ1
　マヨネーズ…小さじ1

※フレンチドレッシングの作り方(作りやすい分量)
塩小さじ1、コショウ少々、白ワインビネガー大さじ1、レモン汁大さじ1を混ぜ、EVオリーブ油大さじ6を少しずつ入れてよく混ぜる(60〜64ページ共通)。

作り方

❶冷凍たまごで目玉焼きを作る(作り方は29ページ)。

❷クスクスは耐熱容器に入れ、同量の水を混ぜて10分おき、ラップをして500Wの電子レンジで2分加熱。塩、コショウ、オリーブ油で調味する。

❸カリフラワー、オクラはかためにゆで、冷水で冷まし、水けをきる。オクラは1cm幅の小口切りにする。

❹ジャーにソースを入れ、紫タマネギ、②、トマト、タコ、カリフラワー、オクラ、①、サラダ菜、ルーコラ、水菜の順に詰める。

火 揚げたまごとツナのサラダ
柚子コショウの香りと辛味が食欲をそそる

Tuesday

冷凍たまごは揚げたまごを使っています

材料(1人分)
冷凍たまご…1個
ツナ水煮…小1缶

Ⓐ 塩、コショウ…各少々
　レモン汁…小さじ1/2
　EVオリーブ油…小さじ1/2

ニンジン(せん切り)…4cm
ダイコン(せん切り)…2cm
キュウリ(小角切り)…1/3本
カボチャ(冷凍)…2切れ
シナモン(粉)…少々
サニーレタス
(食べやすくちぎる)…1枚
クレソン(葉を摘む)…1/3束
春菊(葉を摘む)…1枝

[ソース]
　フレンチドレッシング
　　…大さじ3
　柚子コショウ…小さじ1/2
　しょうゆ…小さじ1

作り方
❶冷凍たまごは揚げたまごにする(作り方は30ページ)。
❷ツナ水煮は汁をきり、Ⓐで下味をつける。
❸カボチャは500Wの電子レンジで3分加熱し、冷まして2cm角に切り、シナモンをふる。
❹ジャーにソースを入れ、ニンジン、ダイコン、キュウリ、❷、❸、❶、サニーレタス、クレソン、春菊の順に詰める。

061

> ジャーサラダで
> ランチ ▶ 1週間

水 ヘルシーなのにちゃんと満腹感がうれしい
ポッシェと厚揚げのサラダ

冷凍たまごはポッシェを使っています

材料(1人分)

冷凍たまご…1個
レンコン(いちょう切り)…50g
ズッキーニ(小角切り)…50g
グリーンピース…50g
サラダ油…小さじ1/2
コショウ…少々
厚揚げ(3cm角に切る)…1/4枚
オレンジ(くし形の実を半分に切る)…1/4個
クルトン…20g
紫キャベツ(せん切り)…1/2枚
サラダホウレンソウ(葉を摘む)…4〜5枚
糸三つ葉(5cmの長さに切る)…2〜3本

[ソース]
　フレンチドレッシング…大さじ3
　粒マスタード、タマネギ(みじん)…各小さじ1

作り方

❶冷凍たまごはポッシェにし、網にのせて水けをきる(作り方は28ページ)。
❷厚揚げはオーブントースター(グリルでもよい)でカリッと焼き、冷ます。
❸レンコン、ズッキーニ、グリーンピースは温めたサラダ油で軽く炒め、コショウをふり、冷ます。
❹ジャーにソースを入れ、❸のレンコン、ズッキーニ、グリーンピース、厚揚げ、オレンジ、クルトン、紫キャベツ、❶、サラダホウレンソウ、糸三つ葉の順に詰める。

木 サーモン、チーズプラスでタンパク質も充実
炒りたまごと豆のサラダ

冷凍たまごは炒りたまごを使っています

材料(1人分)
冷凍溶きたまご…1個分
セロリ(薄切り)…1/4本
ラディッシュ(実は4〜6つのくし形切り、葉は大きくちぎる)…2個
ミックスビーンズ(ドライパック)…55g
(ヒヨコ豆、キドニービーンズ、グリーンピース)
カッテージチーズ…大さじ2
キャベツ(せん切り)…1/2枚
スモークサーモン…2枚
ベビーリーフミックス…1/2袋

[ソース]
　フレンチドレッシング
　　…大さじ3
　ショウガ(おろし)
　　…小さじ1/2
　味噌…小さじ1

作り方
❶冷凍溶きたまごで炒りたまごを作る(作り方は32ページ)。
❷ジャーにソースを入れ、セロリ、ラディッシュの実、豆、チーズ、キャベツ、サーモン、❶、ベビーリーフ、ラディッシュの葉の順に詰める。

063

> ジャーサラダで
> ランチ▶1週間

金 薄焼きたまごとオイスターのサラダ
アボカド、パプリカでビタミンもしっかり

冷凍薄焼き
たまごを
使っています

材料(1人分)
冷凍薄焼きたまご…1枚
カブ(薄めのくし形切り)…1個
パプリカ赤、黄(角切り)…各1/4個
グリーンアスパラガス
(斜め3cmに切る)…1本
スモークオイスター…小1缶(80g)
アボカド(角切り)…1/4個
レモン汁…小さじ1
フリルレタス、レッドレタス
(適当にちぎる)…各1枚

[ソース]
　フレンチドレッシング…大さじ3
　ケッパー(粗みじん)、生タイム
　…各小さじ1/2

作り方
❶薄焼きたまごを自然解凍し、5mm幅の短冊に切る(作り方は25ページ)。

❷パプリカ2種、アスパラガスは色よくかためにゆで、冷水で冷まし、水けをきる。

❸ジャーにソースを入れ、カブ、パプリカ2種、アスパラガス、オイスター、レモン汁をからめたアボカド、①、レタス2種の順に詰める。

PART
4

冷凍たまごの
スープ

冷凍たまごは、和洋中エスニック
ク、どんなスープにもよく合い
ます。溶きたまごのふんわりと
した食感も、半熟卵黄の濃厚な
味わいも楽しめます。

スープで煮ると卵黄もトロリ
エッグミネストローネ

材料(2人分)

冷凍たまご…2個　タマネギ…1/4個
ベーコン(薄切り、5mm幅に切る)…1枚
セロリ(小角切り)…1/2本
ニンジン(小角切り)…1/6本
ズッキーニ(小角切り)…1/3本
EVオリーブ油…大さじ1
ベイリーフ…1枚
トマト(小角切り)…小1個
ショートパスタ(ゆでる)…40g
塩…小さじ1　コショウ…少々
パルミジャーノチーズ(おろす)…大さじ2
イタリアンパセリ(粗みじん)…少々

作り方

❶温めたEVオリーブ油でタマネギとベーコンを中火で炒める。タマネギがしんなりしたら、セロリ、ニンジン、ズッキーニを加えてフタをして5分煮る。

❷ベイリーフ、トマト、パスタ、湯2カップ(分量外)を加え、塩、コショウし、殻をむいた冷凍たまごを加えてフタをする。弱火で7~8分煮てたまごを半熟状にする。

❸器に盛り、チーズ、イタリアンパセリをふる。

卵コラム

半熟たまごは消化抜群!

体調が悪いとき、ストレスを感じているときなど、胃腸の働きは鈍りがちになります。こんなときは、たまごの調理法の中でもっとも消化がいい半熟たまごが適しています。胃腸の調子が悪いときは、半熟たまごをとるようにしたいですね。

067

味噌とトロッとしたたまごの絶妙な取り合わせ

煮たまごと油揚げの味噌汁

材料(2人分)
冷凍たまご…2個
だし…1と1/2カップ
味噌…大さじ2
ダイコン(せん切り)…1cm
油揚げ(せん切り)…1/4枚
絹さや(せん切り)…2〜3枚
粉ザンショウ…少々

作り方
❶だしを煮立て、ダイコン、油揚げを入れてひと煮し、味噌を溶き入れる。
❷殻をむいた冷凍たまごを加えてフタをし、煮立つ直前で火を止め、7〜8分蒸らす。
❸絹さやを散らして器に盛り、粉ザンショウをふる。

具だくさんの満足メニュー
煮たまご豚汁

材料(2人分)

冷凍たまご…2個
豚肩ロース肉(切り落とし)…100g
ゴボウ(斜め薄切り)…4cm
ダイコン(いちょう切り)…2cm
ニンジン(半月切り)…2cm
サラダ油…小さじ2
だし昆布…5cm四方
細ネギ(斜め切り)…1本
酒…大さじ1
しょうゆ…大さじ1と1/2
七味唐辛子…少々

作り方

❶鍋にサラダ油を引いて中火で温め、豚肉を炒める。肉の色が変わったらゴボウ、ダイコン、ニンジンを加えて炒める。

❷野菜に軽く火が通ったら、湯1と1/2カップ(分量外)、だし昆布を入れて煮る。煮立ったら昆布を引き上げ、酒、しょうゆで調味する。

❸殻をむいた冷凍たまごを入れ、フタをしないで弱火で6〜7分を目安にし、半熟状にする。

❹細ネギを散らして火を止め、器に盛り、七味唐辛子をふる。

トロリとしたまろやかな味がクセになる
エビのエッグチャウダー

材料(2人分)
冷凍たまご…2個
むきエビ…8尾
白ワイン…大さじ1
カリフラワー（小房に分ける）…1/8個
タマネギ（薄切り）…小1/4個
サラダ油…小さじ2
米粉…大さじ1
牛乳…1と1/2カップ
塩…小さじ1
白コショウ…少々
フレッシュディル…適宜

作り方
❶エビは殻と背ワタを除き、白ワインをからめて15分おく。

❷カリフラワーはかためにゆでる。

❸鍋にサラダ油を入れて中火で温め、タマネギと水大さじ2（分量外）を入れてしんなりするまで炒める。米粉をふり入れて炒め、全体になじんだら湯1カップ（分量外）を加えてのばし、牛乳を入れて混ぜる。

❹カリフラワーとエビを入れ、塩、白コショウで調味して5分煮る。殻をむいた冷凍たまごを加え、フタをしないで弱火で7〜8分を目安に、半熟状にする。

❺器に盛り、ディルを添える。

さわやかなスープにこってりたまごでアクセント

炒りたまごとアスパラガスのスープ

材料(2人分)
冷凍溶きたまご…1個分
豆乳(炒りたまご用)
…大さじ1
サラダ油…小さじ1
グリーンアスパラガス…6本
ジャガイモ…1個
タマネギ(みじん)…小1/2個
豆乳…1と1/2カップ
塩…小さじ1
白コショウ…少々
チャービル…少々
クルトン(5〜6mm角)…適宜

作り方
❶アスパラガスは根元のかたい皮と袴を除き、斜め薄切りにする。ジャガイモは皮をむき、薄いいちょう切りにする。

❷鍋でサラダ油を温め、タマネギと水大さじ2(分量外)を入れてしんなりするまで炒める。

❸②に①を加えて軽く炒め、湯1カップ(分量外)と豆乳1と1/2カップ、塩、白コショウを入れて野菜がやわらかくなるまで煮る。

❹粗熱を取り、ミキサーにかけてピュレにし、鍋に戻して温める。

❺冷凍溶きたまごは解凍し、炒りたまごを作る(作り方は32ページ。この場合は牛乳の代わりに豆乳大さじ1を使う)。

❻器に盛り、炒りたまごをのせ、チャービルをあしらい、クルトンを添える。

香ばしいたまごでボリュームアップ
チキンと揚げたまごの
ライムスープ

材料(2人分)

冷凍たまご…2個
板麩(細切り)…1枚
揚げ油…適宜
鶏胸肉(5mm厚の薄切り)…1/2枚(150g)
塩…小さじ1/4
白ワイン…大さじ1
紫タマネギ(薄切り)…1/4個
青唐辛子(5mm幅の輪切り)…小1本
サラダ油…小さじ1
トマト(小角切り)…小1個
ベイリーフ…1枚
ライム汁…1/2個分
塩…小さじ1/2
コショウ…少々
香菜(葉を摘む)…適宜

作り方

❶鶏胸肉に塩、白ワインで下味をつけ、15分おく。

❷冷凍たまごで揚げたまごを作る(作り方は30ページ)。同じ油で板麩をカリッと揚げる。

❸鍋にサラダ油を入れて温め、①を炒め、肉の表面が白く変わったら紫タマネギと青唐辛子を入れて炒める。

❹野菜がしんなりしたら、トマト、ベイリーフ、湯2カップ(分量外)を加えて5分煮て、ライム汁、塩、コショウで調味する。

❺器に②を盛り、④をかけ、香菜を散らす。

体に染みわたるやさしい味
トマトのエッグスープ

材料（2人分）

冷凍溶きたまご…2個分
トマト（3cmの角切り）…1個
タマネギ（薄切り）…1/4個
チキンスープ…2カップ
塩、コショウ…各少々
水溶き片栗粉…大さじ1
つまみ菜…適宜

作り方

❶冷凍溶きたまごは解凍する。

❷チキンスープを煮立て、トマト、タマネギを入れ、塩、コショウで調味し、水溶き片栗粉をかき混ぜながら少しずつ入れてとろみをつける。

❸①を箸で溶きほぐし、②に糸状に流し、ふわりと固まりはじめたら火を止める。つまみ菜を散らし、器に盛る。

パパッと簡単おつまみ▶1週間

冷凍たまごの特徴を生かした個性的な料理を紹介します。普段の食卓にもう一品、お酒のおつまみにも。

月 — 卵黄の味噌漬け

お酒にもごはんにも合う ねっとり、うま味凝縮

Monday

材料（2人分）
- 冷凍卵黄…2個
- 味噌…適宜
- ダイコン（おろす）…1カップ
- スプラウト（1cmに切る）…適宜
- 柚子の皮（せん切り）…少々
- すだち（薄輪切り）…2枚

作り方

❶ 容器に味噌を3cmの厚さに敷き、ガーゼをのせて、卵黄の高さのくぼみを2個作る。

❷ 冷凍卵黄を①のくぼみに入れ、容器にフタをする。冷蔵庫で半日以上漬ける。漬ける時間が長いほど塩けが増す。

❸ 器にすだちをおき、その上に②をのせる。ダイコンおろしの水けを軽くきって、スプラウトと柚子の皮を混ぜて添える。

火

卵黄の海苔包み

個性的な素材のコラボを楽しむ

Tuesday

材料(2人分)
冷凍卵黄…2個
焼き海苔(4つ切り)…2枚
ゴマ油…少々
しそ…2枚
サンショウ塩…少々

作り方
❶冷凍卵黄は解凍する。

❷海苔にゴマ油を塗り、しそをのせ、①をおき、サンショウ塩をふる。海苔で包んで食べる。

パパッと簡単おつまみ▶1週間

水 春巻きの皮に包んで焼いた
たまごのエンチラーダ風

材料(2人分) 冷凍たまご…2個　春巻きの皮…2枚　ジャガイモ…1個　サラダ油…適宜　ミートソース※…大さじ6〜8　ピザ用チーズ…大さじ4　パセリ(みじん)…小さじ1　ホットソース…少々

作り方

❶ジャガイモは4つ切りにし、ラップで包み、600Wの電子レンジで2分加熱する。皮をむき、フォークでつぶす。

❷春巻きの皮の手前近くに、①の半分をのせて薄く広げ、殻をむいた冷凍たまごをのせ、手前、左右の順に折り、くるりと巻いて巻き終わりを下にする。

❸グラタン皿にサラダ油を薄く塗り、ミートソースを薄く敷き、②を並べ、残りのミートソースをかけ、チーズとパセリを散らす。

❹予熱した180度のオーブンで10〜15分焼く。できたら、ホットソースをかける。

※ミートソースの作り方(作りやすい分量)

合いびき肉…200g
タマネギ(みじん)…小1個
セロリ(みじん)…1/2本
サラダ油…大さじ1
カットトマト…1缶　ベイリーフ…1枚
塩…小さじ1　コショウ…少々

❶鍋にサラダ油を入れて中火で温め、タマネギ、セロリ、水大さじ2(分量外)を入れてしんなりするまで炒める。

❷ひき肉を入れ、ほぐしながら炒めて肉に火を通し、カットトマト、湯1/2カップ(分量外)、ベイリーフ、塩、コショウを加え、汁けがほぼなくなるまで煮る。

木 モッチリした卵黄がマグロによくからんで
マグロの山かけ

材料(2人分)
冷凍たまご…2個
マグロ(刺身用、角切り)
…150g
しょうゆ…小さじ1
ヤマイモ…200g
だし…100㎖
薄口しょうゆ…小さじ1
ダイコン(おろす、
水きり)…大さじ2
ワサビ(練り)
…小さじ1/2

作り方
❶冷凍たまごは解凍する。

❷ヤマイモをすりおろし、だしと薄口しょうゆを混ぜて、少しずつ加えながらすり混ぜる。

❸マグロにしょうゆをからめて器に盛り、②をかけ、①をのせる。ダイコンおろしにワサビを混ぜて添える。

Thursday

パパッと簡単おつまみ・1週間

金

ズッキーニのジョン

溶きたまごの衣が香ばしい

材料（2人分）
冷凍溶きたまご…1個分
ズッキーニ…1本
米粉…適宜　　サラダ油…大さじ1
ゴマ油…小さじ1　糸唐辛子…少々

[ピリ辛たれ]
　しょうゆ…大さじ2
　コチュジャン…小さじ1
　ショウガ（おろし）…小さじ1/2
　黒酢…小さじ1

作り方
❶冷凍溶きたまごは解凍する。

❷ズッキーニは2cmの厚さの輪切りにする。

❸サラダ油とゴマ油をフライパンに引いて中火で温める。

❹②に米粉を薄くつけ、①をからめて③に並べ入れ、たまごが固まったら裏返して軽く焼き、糸唐辛子を散らす。

❺器に④を盛り、混ぜ合わせたピリ辛たれを添える。

PART 5

冷凍たまごの
いろいろアレンジ

余ってしまいがちな卵白や、薄焼きたまごも冷凍しておけば、料理の強い味方に。うずらたまごも冷凍するだけでおいしさがアップします！

冷凍うずらたまごで

鶏卵と同じように、冷凍うずらたまごも、ちゃんと黄身がモッチリします。くわしい説明は26ページを参照してください。

タマネギの甘さとマッチ

うずらたまごと
新タマネギのレンジ蒸し

材料(2人分)
冷凍うずらたまご…4個
新タマネギ…小2個
[ソース]
　マヨネーズ…大さじ2
　味噌…大さじ1
　粗挽きコショウ…少々

サラダ菜…4～6枚

作り方
❶新タマネギは横半分に切り、耐熱容器に入れてラップをし、600Wの電子レンジで3分加熱する。ソースの材料を混ぜ合わせておく。

❷新タマネギの真ん中を抜き出して穴を作り、殻をむいた冷凍うずらたまごを入れ、500Wの電子レンジで30～40秒加熱する。

❸サラダ菜を敷いた器に盛り、ソースを添える。

チーズの風味が香ばしさをアップ
うずらたまごの包み揚げ

材料(2人分)
冷凍うずらたまご…4個
ギョウザの皮…4枚
ピザ用チーズ…小さじ2
揚げ油…適宜
コショウ塩…適宜

作り方
❶冷凍うずらたまごの殻をむく。
❷ギョウザの皮にチーズをのせて①をおき、皮で包み、端に水をつけて閉じる。
❸160度の揚げ油で②を2~3分揚げる。油をきって器に盛り、コショウ塩を添える。

冷凍うずらたまごで

**ひと口サイズの
お手軽おつまみ**

うずら
たまごの
カナッペ

材料(2人分)
冷凍うずらたまご…10個
生サラミ(薄切り)…10枚
フランスパン(薄切り)
…10枚
バター…適宜
塩、コショウ、
EVオリーブ油…各少々
チャービル、ミント
…各適宜

作り方
❶冷凍うずらたまごは目玉焼きにする。

❷パンを軽くトーストし、バターを薄く塗る。

❸②に生サラミを重ね、①をのせ、全体に塩、コショウ、EVオリーブ油をふる。彩りと香りのアクセントにチャービルとミントを添える。

いつもの味にうずらたまごをプラス
うずらたまごシュウマイ

材料(2人分)
冷凍うずらたまご…10個　豚ひき肉…150g　タマネギ(おろす)…大さじ2
シュウマイの皮…10枚　塩…小さじ1/4　レタス…6〜8枚
　　　　　　　　　　　　　　　　　　練り辛子、ゴマ油、酢…各適宜

作り方
❶豚ひき肉に塩を入れてよく混ぜ、タマネギを加えてさらによく混ぜ、10等分して軽く丸める。
❷シュウマイの皮に①をのせて薄く広げ、真ん中に殻をむいた冷凍うずらたまごをおいて包む。
❸蒸気の立った蒸し器にレタスを3〜4枚敷き、②を間隔を少しあけて並べ入れる。フタをふきんで包んでかぶせ、ごく弱火で4〜5分蒸す。
❹残りのレタスはせん切りにして器に敷き、③を盛り、練り辛子、ゴマ油、酢を添える。

冷凍うずらたまごで

食べるのが楽しくなる
うずらたまごのポッシェ サラダ仕立て

材料(2人分)
冷凍うずらたまご…8個
ブロッコリー(ゆでる)…4房
紫キャベツ(せん切り)…1枚
アルファルファ…適宜
[ソース]
　EVオリーブ油…大さじ2
　マヨネーズ…小さじ1
　塩、コショウ…各少々

作り方
❶冷凍うずらたまごはポッシェにし、網にのせて水けをきる。
❷ブロッコリーは粗く刻み、紫キャベツ、アルファルファと合わせ、混ぜ合わせておいたソース少々であえる。
❸器に②を敷き、①をのせ、残りのソースをかける。

冷凍薄焼きたまごで

包んだり、巻いたり、刻んであえものやサラダにと、利用範囲は工夫次第。作り方は25ページを参照してください。

ウドのさわやかな苦みがアクセント

薄焼きたまごと菜の花のゴマ酢あえ

材料(2人分)
冷凍薄焼きたまご…2枚
菜の花…60g
ウド…5cm
[ゴマ酢]
　白練りゴマ…大さじ1
　白味噌…大さじ1
　薄口しょうゆ…小さじ2
　酢…小さじ1
　EVオリーブ油…小さじ1

作り方
①冷凍薄焼きたまごは解凍し、2cm幅の短冊に切る。

②菜の花はかたい茎を除き5cmの長さに切り、色よくゆで、ざるに広げて早く冷ます。

③ウドは皮をむき、短冊に切り、酢水（分量外）につけてアク止めする。

④水けをきったウド、菜の花、①を合わせ、混ぜ合わせたゴマ酢少々であえて器に盛り、残りのゴマ酢をかける。

冷凍薄焼きたまごで

エゴマと海苔の風味がぴったり調和
薄焼きたまごの辛子明太子巻き

材料（2人分）
冷凍薄焼きたまご…2枚
辛子明太子…1はら
焼き海苔…1/2枚
エゴマの葉…2枚
ロマネスキ（縦半分に切る、
ブロッコリーでも可）…4房

作り方
❶焼き海苔を冷凍薄焼きたまごの幅に合わせて切る。
❷薄焼きたまごにエゴマの葉、焼き海苔を重ね、辛子明太子を手前におき、くるりと巻く。
❸②を小口から4つに切り、切り口を上にして器に盛る。お好みでさっとゆでたロマネスキを添える。

たまごの香ばしい甘味と唐辛子が好相性
薄焼きたまごとハクサイの即席キムチ

材料（2人分）
冷凍薄焼きたまご…2枚
ハクサイ…100g
塩…小さじ1/4
リンゴ…1/4個
田セリ（根を切り、葉をばらす）…5株
細ネギ（4cmの長さに切る）…4本

Ⓐ｜コチュジャン…大さじ1
　｜粉唐辛子…小さじ1/4
　｜ナンプラー（またはしょっつる）…小さじ2
　｜ゴマ油…小さじ1

糸唐辛子…少々

作り方
❶冷凍薄焼きたまごは解凍し、細切りにする。

❷ハクサイをせん切りにし、塩をふって軽くもみ、しんなりするまでおく。リンゴはよく洗って皮ごとせん切りにする。

❸②のハクサイの水けをきってボウルに入れ、リンゴ、田セリ（なければセリでも可）、細ネギを加えて混ぜ合わせる。

❹③に、よく混ぜたⒶを入れてあえ、①を加えて軽く混ぜて器に盛り、糸唐辛子を散らす。

冷凍卵白で

解凍すれば生の卵白と同じように使え、もう一品欲しいときに重宝。くわしい説明は22ページを参照してください。

軽く焼いた卵白がかまぼこ風の食感に

卵白とキノコのマヨカレーあえ

材料(2人分)
冷凍卵白…2個分
シメジ(根を切り、ほぐす)…1/2パック
エリンギ(細切り)…1本
生シイタケ(薄切り)…2枚
パプリカ赤、黄(細切り)…各1/4個
サラダ油…適宜
[ソース]
　マヨネーズ…大さじ1
　カレーパウダー…小さじ1
　薄口しょうゆ…小さじ1

パセリ(みじん)…少々

作り方

❶冷凍卵白は解凍する。

❷フライパンにサラダ油を引いて弱火で温め、①を入れ、白く固まるまで焼く。冷まして1cm幅の短冊に切る。

❸キノコ3種は熱湯でさっとゆで、水けをきる。

❹③とパプリカ2種をボウルに入れてソースであえ、②を加えて軽く混ぜる。パセリをふる。

ハムとキャベツのうま味を含んだ卵白がトロリ

卵白とじ

材料(2人分)

冷凍卵白…4個分
ロースハム…4枚
キャベツ(せん切り)…2枚
だし…1/2カップ
酒…大さじ1
塩…少々
薄口しょうゆ…小さじ1
細ネギ(小口切り)…適宜
コショウ…少々

作り方

❶冷凍卵白は解凍する。

❷だし、酒、塩、薄口しょうゆを小さめのフライパンに入れて煮立てる。

❸②にロースハムとキャベツを入れてさっと火を通し、①を箸で溶きほぐして回し入れる。白く半熟状に固まりはじめたら火を止め、器に盛る。細ネギを添え、コショウをふる。

冷凍卵白で

ねばねば、とろとろ、ふわふわな変わり納豆

卵白とヤマイモのとろとろ納豆

材料(2人分)
冷凍卵白…2個分
納豆(小粒)…2パック
ヤマイモ…100g
あおさ(または青海苔)…小さじ1
ゆかり…小さじ1/2

作り方
❶冷凍卵白は解凍する。
❷ヤマイモはよく洗い、目の細かいスライサーで皮ごとせん切りにする。
❸ボウルに納豆を入れて箸で練って粘りを出す。②、①を入れてよく混ぜ、器に盛り、あおさ、ゆかりをふる。

PART
6

冷凍たまごの
スイーツ

冷凍卵白は解凍すれば泡立てることができ、お菓子作りにも利用できます。ここではシンプルで手軽に作れるスイーツを紹介しましょう。

やさしい口どけの焼き加減
ナッツメレンゲ

材料（約20個分）
冷凍卵白…1個分
レモン汁…小さじ1/2
砂糖…35g

Ⓐ 粉砂糖…45g
　コーンスターチ…5g
　ヘーゼルナッツ
　パウダー…15g

作り方
❶冷凍卵白は解凍する。
❷油分のないボウルに①とレモン汁を入れて泡立てる。八分程度泡立ったら砂糖を半分入れて泡立てる。砂糖が溶けたら残り半分を入れ、角が立つくらいに固く泡立てる。
❸泡立て器でかき混ぜて泡をなめらかにし、よく混ぜたⒶを入れ、均等に混ぜる。
❹花型の口金をつけた絞り出し袋に③を詰め、オーブンペーパーを敷いた天板にひと口大に絞り出す。
❺120度に予熱したオーブンで約50分焼く。

濃厚なチョコの甘さがたまらないおいしさ
チョコレートムース

材料（直径8cm、180mlのココット約3個分）
冷凍卵白…1個分（40g）　　レモン汁…小さじ1/2　　ビターチョコレート…50g
砂糖…30g　　　　　　　　板ゼラチン…1枚（2.5g）　生クリーム…100g

作り方
❶冷凍卵白は解凍する。

❷板ゼラチンは冷水につけて戻す。

❸ボウルに刻んだチョコレートと生クリームを入れ、湯せんで溶かす。チョコレートが溶けたら泡立て器で混ぜてクリーム状にし、戻した板ゼラチンの水けをきって入れ、混ぜて溶かす。

❹③を氷水にあて、かき混ぜながらとろみがつくまで冷やす。

❺油分のないボウルに①とレモン汁を入れて泡立てる。八分程度泡立ったら砂糖を半分入れて泡立てる。砂糖が溶けたら残り半分を入れ、角が立つくらいに固く泡立てる。

❻⑤の3分の1を④に加え、ヘラで切るようにして混ぜる。これを⑤に戻し、ヘラで卵白の泡を消さないように切り混ぜる。

❼冷やした型に⑥を等分に流し、冷蔵庫で冷やし固める。約半日くらいで固まる。

表面はサクサク、中はふかふか！
ポピーシードのカップケーキ

材料
（直径8cmの紙カップ約6個分）

冷凍卵白…3個分（120g）
レモン汁…小さじ1
砂糖…60g
薄力粉…120g
ベーキングパウダー
…小さじ1
ポピーシード（パープル）
…大さじ2
レモンの皮（すりおろす）
…1/2個分
バター（溶かす）…100g

作り方

❶冷凍卵白は解凍する。

❷薄力粉とベーキングパウダーを合わせてふるう。

❸油分のないボウルに①とレモン汁を入れて泡立てる。八分程度泡立ったら砂糖を半分入れて泡立てる。砂糖が溶けたら残り半分を入れ、角が立つくらいに固く泡立てる。

❹③に②、ポピーシード、レモンの皮、バターを入れ、ヘラで卵白の泡を消さないようにさっくり混ぜる。

❺カップに④を七分目まで流し入れ、表面を平らにならす。

❻180度に予熱したオーブンで20〜25分焼く。

しっとり、シンプルな定番スイーツ
フィナンシェ

材料
(シリコン製ひし型
〔1個30ml容量〕約15個分)

冷凍卵白…3個分(120g)
バター(食塩不使用)…100g
グラニュー糖…100g
ハチミツ…20g
バター(型に塗る)…適宜
Ⓐ│薄力粉…40g
　│アーモンドパウダー…40g

作り方

❶冷凍卵白は解凍する。

❷型にバターを薄く塗り、冷蔵庫で冷やす。Ⓐを合わせてふるっておく。

❸鍋にバターを入れ、中火で溶かす。パチパチ音がしてやがて大きな泡が浮き、その泡が小さくなり、少し色づいてきたら火を止める。鍋底を冷水につけて粗熱を取ってこし、冷ます。

❹①をボウルに入れ、泡立て器でほぐし、グラニュー糖、ハチミツを混ぜてから湯せんにし、かき混ぜながらグラニュー糖とハチミツを溶かす。

❺湯せんからはずし、Ⓐを混ぜ、③を加え、なめらかになるまでよく混ぜる。

❻②の型に⑤を九分目まで流し入れる。

❼190度に予熱したオーブンで薄く色づくまで約15分焼く。

著者 赤坂みちよ （あかさか・みちよ）

料理研究家、管理栄養士、国際中医薬膳師。「栄養と料理」編集部を
経てフリー編集者として独立。1987年に「フーズアンドテーブル」を設
立。2009年9月、東京・文京区に「旬の食材から元気をもらう」をコン
セプトにした「旬菜薬膳ワンプレートミール」を提供する「カフェ・ビー
ンズ」をオープン。女子栄養大学栄養学部卒業。著書に『塩レモン健
康法』（学研）などがある。

参考文献

『食品成分表2015』（女子栄養大学出版部）
『卵を食べれば全部よくなる』（マガジンハウス）
『ポジティブフリージング読本』（ベターホーム協会）
NHK「あさイチ」HP
一般社団法人日本養鶏協会 HP

カバー・本文デザイン	石井恵理子（ニイモモクリエイト）
撮影	大見謝星斗（世界文化社写真部）
撮影協力	寺田哲矢
校正	株式会社円水社
編集	桒田義秀（株式会社セブンクリエイティブ）
企画・編集	田中智沙

本書の内容に関するお問い合わせは株式会社セブンクリエイティブ
電話 03（3262）6810までお願いいたします。

目からウロコ!
冷凍たまごのこくまろレシピ

| 発行日 | 2015年5月30日　初版第1刷発行 |

著者	赤坂みちよ
発行者	高林祐志
発行	株式会社世界文化社
	〒102-8187　東京都千代田区九段北4-2-29
	電話　03（3262）5115（販売部）
DTP	株式会社明昌堂
印刷・製本	凸版印刷株式会社

©Michiyo Akasaka,2015.Printed in Japan
ISBN 978-4-418-15314-5

無断転載、複写を禁じます。
定価はカバーに表示してあります。
落丁、乱丁のある場合はお取り替えいたします。